SIX MOIS EN SICILE

(1852)

A TRAVERS CHAMPS : LES ROUTES ET LES PONTS.

« Comment se fait-il, m'ont dit souvent, pendant mon séjour en Sicile, maints voyageurs que le paquebot napolitain allait emporter vers le continent, sans qu'ils eussent pu visiter de cette île célèbre autre chose que Palerme et ses environs, la Bagaria, Mont-Reale et la Favorite, tous endroits où l'on peut aller facilement en voiture, comment se fait-il qu'il n'y ait point de routes, et par conséquent si peu de ressources pour les voyages en Sicile? Comment un pays d'une civilisation si ancienne, d'une fertilité proverbiale, d'un accès si facile sur les trois côtés de son triangle, doté d'une si belle capitale, et qui devrait être sillonné de routes dans toutes les directions, se trouve-t-il le pays le plus arriéré de l'Europe sous le rapport de la viabilité? Est-ce donc que les Siciliens sont insensibles aux avantages et aux douceurs d'une locomotion rapide et commode? Ou bien encore sont-ils tellement amoureux du *far niente* qu'ils ne pensent même pas que d'autres qu'eux puissent vouloir porter leurs personnes plus loin que leur vue ne peut s'étendre? Mais s'ils n'ont pas encore imaginé de faire circuler les calèches des nobles dames de Palerme jusqu'aux chefs-lieux des fiefs dont elles tirent leurs doux noms, et que pas une n'a vu et ne verra peut-être de sa vie, qu'ils ouvrent au moins des routes aux voitures des étrangers visitant leurs villes, eux les hospitaliers par excellence, et qu'on puisse enfin compléter ici son voyage d'Italie en faisant le tour de leur île autrement que Robinson Crusoë ne fit le tour de la sienne? »

—Est-ce que ce pays est donc plus inaccessible et plus impraticable que telle autre contrée montagneuse de l'Europe? me disaient quelques-uns. Ou bien encore : Le gouvernement a-t-il été et est-il toujours tellement arriéré que, pour une raison ou pour une autre, on n'ait pas voulu qu'il fût fait de routes en Sicile? murmuraient tout bas certains frondeurs.

. Suivant le jour et suivant l'heure, suivant le questionneur et ses allures, à ces interrogations je variais mes réponses.

Dans mon ardent amour pour la Sicile, tantôt je faisais valoir auprès de quelques-uns de ces touristes désappointés les mille raisons péremptoires, selon moi, pour que le pays sans chemins de fer et sans malles-postes, sans routes et sans auberges, soit plus poétique, plus pittoresque et plus intéressant à visiter cent fois que s'il était découpé en parc à l'anglaise par de beaux chemins macadamisés. Ceci était pour ceux de mes voyageurs que je croyais susceptibles d'enthousiasme, et à qui le cœur seulement avait manqué pour s'exposer aux ennuis et aux fatigues d'un voyage à cheval ou à mulet.

A d'autres, je rappelais le désenchantement que leur avait fait sans doute éprouver, dans les ruines du Colysée ou de Pompeia, tel honnête habitant de la rue des Lombards de leur connaissance, qu'un train de plaisir avait conduit à Rome ou à Naples comme il l'aurait pu conduire sur les bords du Rhin ou à Pontoise. A ceux-là, pensais-je, les difficultés du voyage, le rendant exceptionnel, le rendront par cela même plus désirable.

A quelques calculateurs, curieux de détails et amis du positif, je faisais toute une histoire sur les routes de la Sicile; or, l'histoire de ces routes est une longue et bien curieuse histoire, je dirais presque un conte, et un conte fantastique, si l'on songe aux sommes fabuleuses que plusieurs de ces routes ont coûté, pour ne pas exister. Ceci était dit surtout pour la consolation et l'édification des voyageurs qui, ayant eu le courage de se faire cahoter dans le véhicule décoré du nom de diligence royale, sur la route de Messine à Palerme, ne cessaient de maugréer contre les chemins, les voitures et les chevaux.

Voulant écrire aujourd'hui quelques notes sur la Sicile, je pourrais reprendre dans mes souvenirs cette longue et douloureuse histoire, telle que je la racontais alors, pièces en main et sur les lieux. Je pourrais la reprendre d'un ton officiel et doctoral, puisqu'ainsi que je l'ai dit, j'avais été spécialement appelé dans le pays par S. Exc. le prince de Satriano, gouverneur, pour m'occuper d'un plan général de routes et de ponts, et puisqu'ayant fait ce voyage en compagnie de mon ami Sciama, ingénieur distingué des ponts-et-chaussées de France, je pourrais traiter la matière *ex professo*. Mais les choses qui paraissaient alors fort intéressantes pour quelques-uns de mes auditeurs à la table d'hôte de l'hôtel de France, ou sur les bancs de la Flora[1], déserte quoiqu'embaumée, pourraient devenir fort ennuyeuses pour des lecteurs, si j'en ai, précisément à cause de leur spécialité. Pour éviter cet inconvénient, je ne ferai de la spécialité que le moins possible dans mes souvenirs à propos des malheureuses routes de la Sicile, et je prierai simplement mes lecteurs de me suivre dans une ou deux de nos excursions à travers ces belles campagnes, sur ces montagnes cyclopéennes ou le long de ces fleuves si redoutables aux voyageurs. Après avoir cheminé quelque temps avec moi, tantôt à pied, tantôt à cheval, tantôt en litière, quelquefois même en voiture, ils sauront sur l'état des routes tout ce qu'il en faut savoir pour n'y pas aller, s'ils sont avant tout amis du comfort et du facile en voyage, ou pour se consoler par avance de la fatigue qui les attend en Sicile jusqu'à nouvel ordre, s'ils y vont avec cette disposition d'esprit, avec ce je ne sais quoi de satisfait et de résigné qui fait qu'en certaines circonstances de la vie le mal paraît aussi agréable que le bien, ce qui n'est nulle part plus approprié qu'à ce pays.

« On ne part pas, on arrive, » disait un jour un écrivain de grand esprit, à propos d'une inauguration de chemin de fer, et pour donner une idée de l'impression produite sur lui par un premier voyage à la vapeur. Je retournerais presque sa proposition en parlant d'un voyage sicilien, et je dirais que l'on n'arrive pas chaque fois que l'on part. Mais aussi, et comme pour compenser cet inconvénient, fort grand sans doute, que de distractions, que d'impressions diverses, causées par la manière de voyager à laquelle on a donné la préférence; et comme l'on s'aperçoit bien dans ce pays que, même en fait de voyage, l'extrême civilisation et l'extrême barbarie ont des avantages à s'envier réciproquement! Me souvenant du mot de M. Jules Janin, j'aurais été curieux de savoir comment eût exprimé ses impressions un pâtre sicilien, rêveur et poète (ils le sont tous) à la vue d'un train de chemin de fer emportant à toute vapeur un long chapelet de wagons encombrés de voyageurs; mais, quelles qu'eussent été ses expressions, ses émotions, à coup sûr, n'eussent pas été plus profondes ni plus variées que les miennes, dans une de mes courses, à la vue de notre petite caravane composée de mulets et de muletiers, de chevaux et de compagnons d'armes, avec une litière brochant sur le tout, par un beau soleil de midi, dans la triste et mé-

<hr>

[1] La *Flora* est l'ancien jardin-promenade de Palerme Jamais nom ne fut mieux mérité. Les orangers et les citronniers, les rosiers, les héliotropes et les jasmins, les fleurs de toute espèce y sont en telle quantité qu'on peut en toute saison y prendre un véritable bain d'odeurs en allant s'asseoir sur un des bancs de marbre qui y sont installés. Au temps des roses surtout, allez à la Flora et cherchez-y le buste de Bellini, placé dans un des bosquets de myrtles et d'orangers vous comprendrez alors la suavité et l'esprit de sa musique. Bellini était sicilien.

lancolique vallée du Platani, sur la route de Girgenti, entre Comitini et Castel-Termini. Aussi bien, revenons y! Ce point est typique en Sicile. Le fleuve Platani, après s'être grossi du San Pietro, coule devant nous; la *malaria* règne dans la vallée; pas un cultivateur n'y apparaît, pas d'autres voyageurs que nous ne la parcourent; les Bordonari viennent de nous faire passer à gué ce mince filet d'eau qui chaque année cependant engloutit tant de victimes; nous apercevons de loin les tours, les clochers et les murs de l'ancienne et de la nouvelle Agrigente. Pour y arriver, des tronçons de route inachevés font suite à d'autres tronçons déjà ruinés; des vapeurs sulfureuses s'élèvent en spirales empestées du flanc des montagnes les plus rapprochées de nous : nous sommes en pleine Sicile, au milieu de ses richesses et de ses misères, devant son passé et son présent. C'est bien le cas d'en parler un peu autrement que ne le font les guides des voyageurs. En disant quelques mots de la *malaria*, de ses effet set ses causes, en expliquant pourquoi ces routes ne sont point faites, comment celles-là sont déjà en ruine; pourquoi il n'y a point de pont sur ce fleuve, torrent redoutable; comment le soufre dont nous respirons les exhalaisons fait la richesse actuelle d'une partie de l'île, et causerait sa ruine si l'on n'y mettait bon ordre; et même en décrivant par aventure comment est fait cet instrument de torture appelé une litière, et que voici là-bas, je ne ferai pas perdre grand temps à mes nouveaux compagnons de voyage, et ils ne regretteront pas, j'espère, le peu d'instants qu'ils auront bien voulu m'accorder.

Quant à la *malaria*, je ne suis pas assez médecin pour dire de quelle espèce, tierce ou quarte, maligne ou pernicieuse, est la fièvre qui vient saisir les pauvres humains, étrangers ou siciliens, qui se hasardent, pendant les mois de juin, juillet et août, à habiter entre deux soleils les plaines avoisinant les torrents de Sicile dans l'intérieur des terres, et tous les vastes espaces que traversent avant de se jeter dans la mer, ceux de ces torrents élevés à la dignité de fleuves par cette absorption même. Ce que je sais, c'est que l'influence atmosphérique, cause évidente de ces fièvres, est appelée ici, comme dans la Maremme toscane ou romaine, *malaria* ou mauvais air. Ce qui est certain, c'est que pendant les mois que je viens de nommer, un peu avant le coucher du soleil et jusques à une heure après son lever, des émanations morbides, dirait un savant, s'élèvent à la surface du sol, qu'on les voit, qu'on les sent, et qu'on ne les brave point impunément. Ce qui est plus certain encore, c'est que la fièvre, qui en est le résultat inévitable pour ceux qui les respirent, fait de nombreuses victimes. Les Siciliens le savent; aussi ne s'y hasardent-ils pas. Pour venir travailler aux champs qu'ils peuvent avoir à cultiver dans la plaine, ils descendent chaque jour de la montagne voisine et y remontent, le soir venu; quand il n'y a pas de montagnes assez voisines pour que la journée de travail ne soit pas trop écourtée par cette double étape hygiénique, comme dans le centre de la belle et vaste plaine de Catane, par exemple, ils n'y vont pas du tout, c'est plus sûr et plutôt fait. De là vient la stérilité apparente de cette magnifique campagne qui pourrait être la plus fertile du monde; de là, la solitude de ce désert verdoyant. Comme dans la Maremme de Toscane, ces plaines désolées par la *malaria* seraient sans doute reconquises à la fertilité par un accroissement successif de la population, par des travaux d'endiguement empêchant les débordements des rivières, par des travaux de canalisation facilitant l'écoulement des eaux, par des plantations nombreuses et intelligemment faites; mais en attendant que, par ces moyens ou par d'autres, le bien reprenne sa place en Sicile, cette pauvre terre est victime du fléau que les dévastations des barbares ont introduit dans son sein. Je le signale comme un obstacle aussi dangereux pour les voyageurs que pour les cultivateurs, dans les mois de fortes chaleurs, entre les pluies du printemps et celles de l'automne. Cet obstacle n'en serait plus un, sans doute, au moins pour les voyageurs, si des routes s'ouvraient à travers ces plaines insalubres et dangereuses; quelques lieues sont bientôt parcourues quand on est dans une bonne voiture emportée au trot des chevaux. Mais les routes ne sont point faites, on ne peut guère voyager en voiture que dans quelques directions principales; et si, au soleil couchant, cheminant à pied ou à cheval, l'on a été attardé par quelque accident ou par quelque accès de curiosité à satisfaire, si l'on se trouve encore dans la plaine, le soir venu, il en peut coûter d'autant plus cher au réveil du lendemain que l'on se sera fatigué et échauffé davantage à vouloir sortir plus promptement de ce que j'appellerai le niveau de l'infection. Dans l'intérêt de leurs exploitations agricoles comme dans celui des voyageurs, les Siciliens doivent donc ardemment désirer avoir des routes dans leur île.

Malheureusement, pour avoir des routes, il faut savoir en faire, et c'est ce qui est fort rare en Sicile. Le corps des ponts-et-chaussées n'y existe pas, du moins il n'y existe pas dans des conditions de succès et de solidité pour ses œuvres. Des allocations de fonds très considérables ont été souvent affectées à ce service et pour cette destination. On ne sait comment ces allocations ont été ou détournées ou mal employées. A tel ingénieur, qui aurait pu bien faire, les ressources ont été marchandées pour ainsi dire, et son œuvre est demeurée incomplète faute d'argent; à tel autre moins capable elles ont été prodiguées et il n'a rien produit qui vaille. Sur des tracés incomplètement étudiés ou non étudiés, on a trouvé des difficultés imprévues, ou bien pour les surmonter on a appliqué des procédés imparfaits et

insuffisants. Telle œuvre déclarée d'urgence, œuvre d'utilité publique
en ce genre, a été maintes fois abandonnée parce qu'elle devenait une
cause de ruine publique par les sommes énormes qu'elle menaçait
devoir coûter. On pourrait citer aux environs de Fiume-Grande un
chemin de quelques kilomètres, ayant coûté plus de deux cent mille
francs par kilomètre, qui n'est pas achevé et qui ne le sera peut être
jamais. Les fonds ont manqué avant la moitié de l'œuvre, parce que la
province s'est fatiguée de convertir ses ducats en cailloux, et les pluies
torrentielles du pays achèveront de détruire ce qui n'avait été pour
ainsi dire qu'ébauché à si grands frais. Au reste, il faut le reconnaître,
ces pluies si nécessaires à la fertilisation du sol sont un véritable fléau
pour la viabilité sicilienne, et voici comment : le déboisement, contre
lequel on a fait de récentes ordonnances, a été exercé avec une telle fu-
reur, *ab antiquo*, par les Siciliens ou par leurs envahisseurs, que presque
toutes les hautes montagnes de l'île ont été littéralement dépouillées de
la végétation qui assurait autrefois la régularité des cours d'eau, torrents et rivières, et prévenait les avalanches que les pluies du printemps
et celles d'automne font tomber sur leurs flancs dénudés. Souvent,
sous l'action de ces pluies diluviennes, des bancs entiers de terres argileuses très abondantes dans ce pays se détachent des montagnes
et viennent encombrer les routes quand ils ne les entraînent pas
à quelques centaines de mètres plus loin dans la vallée. Des sondages préliminaires auraient pu sans doute faire dévier tel tracé de
route ne reposant que sur ces argiles incommodes, mais les sondages
sont peu pratiqués en Sicile. Des talus bien réglés le long de la montagne, des murs de soutènement construits avec soin, pareraient aux
accidents mineurs ; mais tout cela aussi se pratique peu ou mal ; et la
frana, c'est ainsi qu'on appelle dans le pays ces terres argileuses, est
devenue tellement le cauchemar de tout conseiller provincial appelé à
voter des fonds pour la construction ou l'entretien des routes de sa
province, qu'il semble, à les entendre tous, que la Sicile seule ait le mo-
nopole des argiles comme du soufre, et qu'il résulte une impossibilité
de simples difficultés qu'on n'a su, chez eux, ni prévoir ni surmonter.

Ajoutez à cela que le roulage, là où les charrettes peuvent rouler,
n'est nullement réglementé, et que les roues des charrettes siciliennes
sont tranchantes comme de véritables lames de couteaux ; que l'usage
du cantonnier réparateur n'est pas pratiqué ; que sur les routes en construction, le rouleau compresseur pour la consolidation de la voie n'est
pas même connu ; que le macadamisage, exécuté par des entrepreneurs
mal surveillés, est fait dans les plus mauvaises conditions d'art, quoique souvent avec des matériaux de la meilleure qualité ; que les pon-
ceaux ou acqueducs destinés à donner écoulement aux eaux pour
les faire passer d'un côté de la chaussée à l'autre ne sont pas souvent

mis en rapport avec les masses d'eaux qui doivent les traverser, ce qui produit régulièrement à chaque grande pluie une ravine sur cette chaussée ; avec tout cela, faites des murs de soutènement où le mortier de terre remplace trop souvent le mortier de chaux, où les pierres, quand ces murs sont à sec, ne sont pas régulièrement assemblées, abandonnez des ouvrages aussi imparfaitement faits ou disposés aux intempéries des saisons pluvieuses, et vous comprendrez l'état des routes existantes, et vous concevrez mieux encore que pour en produire de pareilles, on recule devant les dépenses excessives qu'elles entraînent, devant des sacrifices comme celui d'une quinzaine de millions par, exemple, que, sous l'administration paternelle du prince de Campo-Franco, l'Etat fut obligé d'emprunter et que les ingénieurs dépensèrent si mal.

Mais il ne suffit pas, on le sait, d'avoir des routes pour voyager. Il faut aussi, pour la commodité des voyages, que si ces routes sont traversées par des cours d'eau, comme elles le sont si fréquemment dans des pays de montagne, des ponts solides établissent entre l'une et l'autre rive une communication constante et assurée. Or, voilà ce qui n'existe pas non plus en Sicile, ou du moins ce qui n'y existe qu'à l'état rudimentaire. La plupart des fleuves, rivières ou torrents, sillonnant l'île dans tous les sens, sont réduits à de si minces filets d'eau pendant la plus grande partie de l'année, qu'on a regardé sans doute les ponts comme un objet de luxe dont on a réservé la construction pour des temps meilleurs. Aux crues extraordinaires on ne passe pas, ou bien l'on passe au risque de se noyer ; aux crues ordinaires, on compte sur les *bordonari*, espèce de pilotes cantonniers, apostés là pour diriger les voyageurs dans les passages à gué. Les voyageurs sont-ils à cheval? le bordonaro prend la bride du cheval et dirige le cavalier par les bons endroits. Si le courant est par trop impétueux, un second bordonaro se tient à côté du voyageur, comme ces tuteurs qu'on place à côté des arbres qui penchent, pour les relever au besoin. Les voyageurs sont-ils en voiture, les bordonari, armés de longues perches, flanquent le véhicule pour l'empêcher de verser à la rencontre des rochers ou des obstacles inévitables ou imprévus. Même manière d'effectuer un passage de rivière, si l'on est en litière ; manière peu récréative, je puis le certifier, pour la victime qui se fait ainsi transporter entre le ciel et l'eau. Car il ne faut pas croire que la litière moderne soit un de ces moyens de transport légués par les épicuriens de l'antiquité aux épicuriens du présent, où la mollesse et la nonchalance puissent se prélasser à leur aise, tant s'en faut! J'ai voulu en essayer en Sicile, et je ne connais pas en vérité un supplice pareil à celui d'y être forcément enfermé ; il y aurait de quoi dégoûter à jamais du voyage d'agrément si l'on ne devait pas avoir d'autre manière de voyager en ce monde.

Figurez-vous un coffre de voiture à deux banquettes intérieures, placées en face l'une de l'autre, une berline en miniature, deux chaises à porteur en vis-à-vis, le tout n'ayant pas un pied et demi de largeur, trois pieds et demi le longueur, et d'une hauteur proportionnée. Aux deux côtés de ce coffre, ne reposant ni sur des courroies, ni sur des ressorts, ni sur aucun autre moyen de suspension propre à décomposer les mouvements, sont fixés des crochets ou supports en fer, rattachant cette boîte à voyage à deux longs brancards dont les extrémités sont appuyés sur le dos de deux mulets bâtés à cet effet, et dont l'un marche ainsi devant les voyageurs et l'autre derrière. Voilà la litière et son attelage.

Tant que le chemin est en plaine, la chose est encore supportable. Les deux patients renfermés dans cette cage n'y sont soumis qu'à un certain cahotement, résultat inévitable de la marche non cadencée et de l'inégalité des allures des deux quadrupèdes qui ne savent pas se mettre au pas comme les porteurs des chaises de nos grand'-mères. Mais si la route est accidentée, si l'on gravit les pentes d'une montagne, les effets sont tout différents. Pendant que le mulet de l'avant est à quelques pieds au-dessus du niveau du mulet de l'arrière, le voyageur de la banquette de devant tombe sur le voyageur assis par derrière, ou bien il faut qu'il fasse usage de toutes ses forces pour se maintenir en équilibre en se raidissant sur ses jarrets et sur ses poignets accrochés à la portière. Que le chemin, ou plutôt le sentier, descende tout à coup, c'est au tour du voyageur de derrière à venir exercer des représailles en se heurtant contre le voyageur du devant. Pour peu que ces changements de pente et contre-pente soient fréquents et rapides, jugez à quel exercice forcé on se trouve ainsi condamné. Ajoutez que parfois la litière penche outre mesure à droite ou à gauche par suite de l'inégalité du sol, du peu de largeur des sentiers et de la marche même des mulets, qui cherchent toujours à poser le pied sûrement pour eux, sans s'inquiéter de leur chargement. On est donc soumis en réalité à un tangage et à un roulis continuel en voyageant de la sorte hors des grandes routes, mais avec cette différence, toute à l'avantage du tangage et du roulis si difficiles et si désagréables à supporter en en mer, que l'espace manque dans le coffre étroit où l'on est enfermé et qu'on y ressemble littéralement à un grain de blé sur un crible toujours en mouvement. Malgré tout, vue de loin et comme décoration scénique, la litière, à défaut d'agrément, a son mérite pour le pittoresque du voyage. Ce coffre barbouillé des couleurs les plus voyantes de l'arc-en-ciel; ces deux conducteurs au costume pittoresque, dont l'un dirige les montures et les encourage de ses cris incessants; dont l'autre armé de sa longue perche, pour vous étançonner au besoin, veille à la sûreté des voyageurs comme le plus attentif écuyer caracolant à la portière du plus brillant équipage; ces mules caparaçonnées et faisant sonner leurs nombreux grelots, véritables sonnettes de carillon, tout cela est d'un fort bon effet dans le paysage et engage à en essayer quand on le voit. C'est ce que je fis dans la vallée du Platani où nous nous sommes arrêtés tout à l'heure, et où la litière de M. Taix, escortée par deux *compagnons d'armes* et suivie de nos montures, faisait le plus bel effet de caravane sicilienne qui se puisse imaginer. Je dois dire cependant que je ne me livrai à cet essai de locomotion parodiée de l'antique qu'après le passage du fleuve. Malgré toute ma confiance dans les bordonari, je ne me souciais pas de prendre à cette heure un bain de pied à dos de mulets; ce qui arrive toujours au voyageur en litière dans les passages à gué quand le perfide élément arrive seulement au poitrail du mulet, puisque le bas de la caisse de la litière, suspendue entre les deux animaux, arrive à peine à cette hauteur. Jugez s'il serait agréable de se livrer ainsi à la merci des flots dans un courant rapide entraînant dans sa course des pierres capables de faire chavirer les montures les plus sûres, malgré la vigilance et toutes les précaution spéciales des pauvres bordonari qui n'en peuvent mais. Aussi ces passages à gué, inévitables faute de ponts, sont-ils des obstacles aux voyages en Sicile pendant les mois pluvieux d'hiver, précisément quand le degré de la température les rendrait plus agréables. Alors les communications pour les Siciliens sont littéralement interrompues dans toute l'île, et même l'arrivée des courriers habitués à tout braver pour le transport des dépêches en est singulièrement retardée. Bien heureux quand les sacs aux dépêches, entraînés dans la chute du porteur et aux trois quarts noyés, ne sont pas emportés par les eaux.

On s'entretenait encore à Castel-Termini, à l'époque où nous y passâmes, d'un certain séjour forcé de deux grandes semaines auquel avait dû se résigner, il y a quelques années, le consul de France à Girgenti, récemment nommé à cette résidence, et qui s'y rendait avec toute sa famille, par la voie qu'il avait supposé devoir être la plus courte. Il était parti de Palerme par la route non achevée que nous venions de parcourir; le soir, il avait passé le San Pietro sans encombre sous Lercara, et reposé à Castel-Termini: il comptait passer le Platani le lendemain matin : mais il comptait sans le dieu du fleuve. Pendant la nuit, le Platani, que nous venons de traverser si facilement, avait grossi outre mesure: des mulets chargés de soufre venaient d'être emportés par le courant quand il arriva au gué, et les intrépides bordonari jugèrent la traversée impossible, même *per il console francese*. Retour forcé de l'impatient français à Castel-Termini placé sur le haut de la montagne entre le confluent des deux torrents, et d'où l'on ne peut sortir qu'en traversant l'un ou l'autre. Après deux jours d'une attente inutile, passée dans l'espérance que la barrière placée devant lui par le Platani s'abaisserait bientôt, notre compatriote s'était enfin décidé à revenir en arrière pour retourner à Palerme et gagner Girgenti par une autre route; mais cette fois, c'est le San Pietro qui, à son tour, lui barre le passage en arrière, comme le Platani le lui avait barré en avant. Du mont Camerata sont tombés de telles masses d'eau que personne n'ose conseiller à notre représentant de risquer le passage avec toute sa famille, emballée dans une litière, pour traverser un torrent où vient d'être englouti un berger voulant rallier son troupeau surpris et divisé par l'inondation. Halte forcée sur la plage! Comme on ne peut consumer ses jours et ses nuits à voir couler l'eau à la belle étoile, même en Sicile, on finit par perdre encore patience; nouveau retour à l'auberge de Castel-Termini, et quelle auberge! Là, pendant toute une semaine, des émissaires empressés viennent annoncer tantôt que le Platani grossit, tantôt que le San Pietro déborde, et cela toujours au moment où notre compatriote allait prendre une résolution définitive. Ainsi bloqué et ne pouvant forcer le blocus, il fallut bien que le *signor console*, tout français et impatient qu'il fût, se résignât, et qu'il attendît la fin de la saison des pluies pour gagner en quelques heures sa résidence, où il avait voulu arriver par le chemin le plus court. Cette expérience lui avait au moins appris que l'axiome LINEA RECTA BREVISSIMA ne trouve pas son application en tout temps et en tous lieux.

N'allez pas croire, cependant, que le public et que les autorités en Sicile soient assez fatalistes, à cause du sang maure et arabe qui circule si évidemment dans leurs veines, pour se résigner volontiers à un tel état de choses; ne croyez pas davantage que l'on n'ait pas songé maintes fois à dompter ces torrents incommodes en leur imposant des ponts, ou quelque chose qui y ressemble. Il y a tel passage fameux du Cimarosa, par exemple, sur la route carrossable de Palerme à Catane, où l'on aperçoit à la fois les ruines de trois ponts, témoins irréfragables de la bonne volonté des hommes, mais en même temps de leur insuffisance. L'un de ces ponts était de pierre, une crue extraordinaire l'a emporté; un autre était de bois, une autre crue en a eu facilement raison; le dernier était de bois aussi, mais assis sur des piles en maçonnerie. Cette construction n'a pas été plus heureuse que les précédentes. Pierres et bois, un beau jour, le Cimarosa a tout entraîné, et l'on passe aujourd'hui à gué en attendant un quatrième essai.

Nous étions en voiture et en poste quand nous passâmes le Cimarosa; l'excellent M. di Pace avait bien voulu faire préparer pour nous des relais sur toute la route; mais malgré tout son bon vouloir, les étapes faites en voiture ne se faisaient pas sans encombre. Je ne signalerai qu'une des contrariétés que nous dûmes subir dans cette excursion; mes lecteurs, et surtout mes lectrices, comprendront que même en voiture elles ne doivent pas emporter d'élégantes toilettes pour leur voyage de Sicile. L'équipage fourni par M. di Pace n'avait pas d'impériale suffisante pour loger notre bagage, très mince d'ailleurs, et augmenté seulement quelque peu par les instruments de M. Sciama. Au départ, moitié avait été placé sur l'impériale de la voiture, moitié dans un panier attaché en civière, dans un de ces filets servant de fond aux barocci et aux corricoli napolitains. Ayant appris, par l'expérience du niveau perdu avant Lercara, que le filet laissait passer à travers ses mailles les objets de moindre volume, nous avions changé la disposition de nos bagages; les instruments avaient été placés sur l'impériale, et les valises dans le panier. Malheureusement, c'est le cas de le dire :

Incidit in Scyllam cupiens evitare Charibdim.

Le panier avait traîné par terre sur le macadam mal étalé sur la route, et les valises en avaient été déjà grandement endommagées, quand, au passage du Cimarosa où l'eau dépassait le moyeu de la voiture, tout passa entre deux eaux; et il nous fallut tout faire sécher au beau soleil de Catane quand nous y arrivâmes. Que seraient devenues des robes de Victorine ou des chapeaux de Laure si une femme eût été de la partie dans l'*eccellentissima carrozza* fournie par l'entrepreneur général des postes de la Sicile? Vous voyez bien que les belles Palermitaines, passionnées pour la toilette, ont bien raison de ne pas quitter leur ville de peur de s'exposer à de si grands malheurs. Mais revenons à nos trois ponts, comme le roi de Bohême à ses sept châteaux.

Hélas! il faut bien le dire, si ces ouvrages ont si peu ou si mal servi, c'est qu'ils avaient été construits aux époques de l'année où le Cimarosa n'a pas trois pieds d'eau dans sa plus grande profondeur, et que les ingénieurs ou constructeurs n'avaient pas songé à calculer ce qu'il fallait d'arches, ce que ces arches devaient avoir de hauteur et de largeur pour donner passage au fleuve, quand après quelques jours de pluie dans les montagnes du centre de l'île où il prend sa source, le Cimarosa roule une masse d'eau si considérable, que même dans les endroits où il est le moins encaissé, son niveau s'élève à plus de vingt pieds au-dessus de son lit habituel. En travers d'une pareille masse d'eau roulant des quartiers de rochers et les derniers arbres arrachés aux flancs des montagnes, établissez, sans précautions et sans avoir calculé l'étendue du bassin et des affluents d'un fleuve, un pont de quelques mètres d'élévation et de quelques arches d'ouverture; enchâssez-le dans des levées latérales rétrécissant encore le cours de l'eau, et vous devinerez quel sort est réservé à ce barrage véritable et à la levée qui y conduit. Au point où nous nous sommes arrêtés sur le Platani, on n'a jamais osé tenter l'épreuve; elle n'eût cependant pas été plus difficile, ce me semble, que ne le fut celle du beau pont de Capo-d'Arso, construit sous Charles-Quint, près de Caltanisetta, sur le Fiume-Salso. Malheureusement pour la Sicile, cet ouvrage si remarquable ne sert aujourd'hui à rien et à personne. Les deux extrémités de ce beau pont, dont la clef de voûte est à près de vingt mètres au-dessus du niveau de l'eau, aboutissent aux pentes abruptes de deux montagnes qui encaissent le fleuve en cet endroit, et sur ces deux montagnes pas de route pour conduire au pont assez large cependant pour donner passage à une voiture. Il est réduit à n'être ainsi qu'un chemin de muletier ou de bergers; une curiosité de plus à visiter en Sicile, et que très peu de gens vont visiter, car il faut se déranger de son chemin pour y aller. Les routes existaient-elles du temps de Charles-Quint, quand l'Empereur donna l'ordre de faire ce pont, ainsi que le constate l'inscription gravée sur le monument? je ne saurais le dire, mais nous n'en avons pas trouvé trace.

Quoi qu'il en soit laissons là le pont de Capo-d'Arso, qui ne sert guère, pour le pont nécessaire qu'attend depuis si longtemps le Platani.

On peut s'imaginer avec quelle attention les Siciliens de notre petite caravane suivaient mon ami Sciama, prenant des informations sur le niveau des hautes eaux du fleuve dans ses crues, mesurant les largeurs et les hauteurs, interrogeant par des sondages la nature du sous sol, calculant enfin, en homme de l'art, comment il établirait son pont en cet endroit si dangereux, si redouté dans le pays et nommé *Passo-di-Ferro* (Pas-de-Fer), comme qui dirait passage indomptable.

De tous nos compagnons, le plus attentif et le plus inquiet était, sans contredit et pour cause, un certain signor Lobue, riche propriétaire de Castel-Termini, qui nous faisait ce matin-là les honneurs de son pays. Au lieu de payer en argent les contributions de ses vastes propriétés, M. Lobue avait obtenu de les payer en une espèce de prestation de travaux de routes, en consentant, d'autres disaient en cherchant à être l'entrepreneur d'un chemin quasi carrossable descendant de sa ville natale au Passo-di-Ferro. Cette route, ainsi faite par un amateur et à la corvée, n'est pas belle assurément, mais enfin les chars à bœufs de M. Lobue y passent en tout temps, et sur les chars à bœufs de l'entrepreneur les produits de certaines siennes mines de soufre, qu'autrement il faudrait transporter à Girgenti à dos d'ânes et de mulets. Un pont de plus, et jamais M. Lobue n'aurait vu interrompues les communications qu'il a fait établir tant bien que mal entre sa soufrière et le port d'embarquement de ses produits; ses revenus n'en eussent pas diminué, tant s'en faut, eût-il dû renoncer aux bénéfices qu'il fait,

dit-on, comme entrepreneur-amateur. Ceci m'expliquait tout naturellement l'intérêt qu'il devait porter aux opérations de l'*ingegnere francese* et la chaleur de ses embrassements au départ. Soyons justes cependant et surtout plus reconnaissant. Cet honnête Sicilien nous avait
accueillis chez lui la veille avec une si parfaite et si cordiale hospitalité,
qu'à part son intérêt de propriétaire et ne fût-ce que par continuation
de cette hospitalité, il eût tout fait, j'en suis convaincu, pour voir bientôt ses hôtes achever avec succès une œuvre destinée à mettre en défaut les caprices de son redoutable voisin, le torrent. Nous n'étions pas
attendus chez lui quand nous y arrivâmes ; il ne nous connaissait, on
peut le dire, ni d'Ève ni d'Adam, et cependant quelques heures après
notre arrivée nous eûmes un excellent souper, et avant le souper une
mascarade dansante, et avant les masques quelques duos de Bellini
chantés au piano par les dilettanti de l'endroit. Après quoi, bon coucher et copieuse collation préparée pour le lendemain matin. Vous
voyez que si l'auberge est exécrable à Castel-Termini, comme en bien
d'autres endroits de la Sicile, le consul de France à Girgenti certifie-
rait véritable cette nouvelle dénonciation de ma part. Comme partout
aussi en Sicile, les habitants du lieu sont les plus aimables et les plus
hospitaliers du monde. Il ne s'agit que de faire appel à cette vertu, na-
turelle chez eux ; vertu antique, dont j'ai eu l'occasion de parler à propos des compagnons d'armes, vertu qui est d'autant plus pratiquée, que
la partie de l'île dans laquelle on se trouve quand on y a recours paraît
moins appelée à l'exercer et plus arriérée en civilisation. Je conseillerai
donc à ceux de mes lecteurs qui seraient tentés quelque jour d'aller
visiter Agrigente et Syracuse, Segeste et Taormine, et qui ne vou-
draient pas faire ce voyage à la course ou comme à la tâche, de se mu-
nir de lettres pour d'autres introducteurs dans l'île que pour leur
banquier de Messine ou de Palerme, et de chercher quelque recommandation pouvant leur faire trouver des Lobue en tous endroits. Qu'aucun
scrupule ne les arrête. Le Sicilien reçoit cordialement des hôtes incon-
nus ; je l'ai dit et je le proclame à sa louange, il a la conscience qu'il
doit d'autant plus faire pour l'étranger, que l'étranger comparant le
présent au passé pourrait se plaindre davantage de l'imperfection de la
civilisation nationale. A Messine, à Catane, à Syracuse, à Palerme, où
les étrangers arrivent sans abonder, allez à l'hôtel, la table d'hôte est
bien servie, la camerière est aussi alerte, aussi serviable que camerière
puisse l'être à Florence, à Rome ou à Naples ; mais à Caltascibetta, à
Gioiosa, à Castel-Termini et en cent autres lieux, usez des ressources
du pays ; où l'hospitalité vous sera offerte, ne craignez pas d'en abuser.

Je disais tout à l'heure que nous ne connaissions nullement M. Lobue
quand nous nous imposâmes à l'improviste à sa bienveillante hospitalité ; je me trompais ou j'allais tromper mes lecteurs. Je dois dire que

nous voyagions avec M. Taix, connu de tous les négociants ou producteurs de soufre, et avec M. Serio, que tout le monde connaît et qui connaît tout le monde en Sicile. Les lecteurs qui ont déjà rencontré ce nom dans le récit de quelques-unes de mes pérégrinations, à propos des compagnies d'armes, me permettront j'espère de profiter de l'occasion pour leur mieux faire connaître le personnage.

Il signor Serio est un ancien portefaix ou commissionnaire du port, à Palerme, qui a fait, on peut le dire, tous les métiers, et qui est capable de les faire tous. Observateur et imitateur comme tous les Siciliens, prompt à saisir le côté pratique et utile en toutes choses, il a su mettre à profit toutes les occasions pour se créer une petite fortune, qui est une honorable aisance, en s'associant à tout ce qui peut être fait de bien dans son pays. Nul ne sait mieux que M. Serio le moment où l'on doit cueillir les oranges et les citrons destinés à l'exportation, pour qu'ils arrivent à maturité en Europe ou en Amérique. Nul, mieux que lui, ne sait le prix du soufre sur les différents ports d'embarquement ou sur les lieux de production. Nul surtout n'est mieux renseigné sur les prix si variables des transports, prix divers suivant les saisons, les localités ou les circonstances, et qui contribuent tant à rendre une mine plus ou moins avantageuse à celui qui l'exploite, ou une cargaison facile à trouver pour celui qui la cherche. M. Serio est des premiers qui se soient occupés à Palerme de la manipulation du sumac, dont les Américains font un si grand usage ; son moulin occupe douze mulets. Quand la compagnie française, fondée pour réglementer la production du soufre en Sicile, se forma en 1838, M. Serio, ne sachant pas un mot de français, s'y fit immédiatement employer. Quand on voulut fonder un établissement de produits chimiques à Palerme, M. Serio fut consulté. Pendant notre séjour, les gourmets du pays avaient décidé M. Taix à entreprendre la fabrication du pain à la française et à l'allemande, panification inconnue dans ce pays, où avec le plus beau blé du monde on fait le pain le plus exécrable que j'aie digéré de ma vie ; M. Serio choisit l'emplacement où devait être construit le four ; il avait procuré le moulin où l'on devait moudre le blé, loué la boutique où devaient être vendus les premiers petits pâtés et les premiers pains viennois. Je n'affirmerai point qu'il n'ait pas vendu lui-même la première fournée. Une autre fois, une coalition des bouchers avait fait hausser outre mesure le prix de la viande, de manière à donner des inquiétudes aux autorités ; M. Serio se fait boucher pour le compte de négociants qui le chargent de faire venir des bœufs de la côte d'Afrique ou de la Sardaigne, et la coalition est par lui réduite à capituler. A la Bourse, à la douane et sur le port, c'est toujours M. Serio qui est consulté. Serio par ci, Serio par là, Serio partout ; à Palerme, c'est toujours à M. Serio que l'on a recours quand on est embarrassé, et M. Serio est sans contredit, mais sur une toute autre échelle, le factotum incomparable *della città*, un factotum dont le Figaro du *Barbier de Séville* est bien loin d'approcher et pour la quantité et pour la nature des services demandés ou reçus. Il est bien entendu que ses concitoyens nommèrent il signor Serio capitaine de la garde nationale de Palerme, quand il y eut une garde nationale à Palerme.

M. Serio nous aurait donc été désigné par la voix publique comme un auxiliaire indispensable à nos projets, à notre arrivée à Palerme, si M. Taix, qui maintes et maintes fois avait eu à se louer de son dévouement et de ses aptitudes diverses, utilement mises à l'épreuve, ne s'était hâté de nous mettre en rapport avec lui. Nous pouvions d'autant mieux compter sur son concours, qu'il a été une fois dans sa vie associé d'un entrepreneur de routes. Mais pour avoir voulu bien faire les choses, il y avait eu perte dans cette entreprise de M. Serio, et il le ressentait vivement. Il ne fallait pas moins que l'arrivée d'un ingénieur français pour lui faire comprendre que de bonnes routes sont possibles sans causer la ruine des finances d'un pays ou celle des entrepreneurs, deux hypothèses que M. Serio n'admettait pas plus l'une que l'autre, quand il nous entendait discuter nos projets. Nous avons fait avec lui plus d'une reconnaissance du pays, nous l'avons maintes et maintes fois pris pour guide ; nous ne sommes jamais revenus d'une de ces excursions sans avoir eu l'occasion de remarquer combien il était toujours véritablement l'homme de la chose à laquelle il s'appliquait. Ainsi, un jour, nous voulions mesurer à l'embouchure du Simeto la largeur du fleuve, alors assez bas et coulant entre mille roseaux, sur un fond de vase suffisant à engloutir un géant qui l'eût voulu traverser. Aucun des paysans ou des ouvriers réunis ce jourlà pour travailler à la réparation de la route de Syracuse ne voulait se hasarder à se mettre à la nage en cet endroit, et les roseaux empêchaient tout batelet de se frayer une route dans la vase. « Que diront de nous les ingénieurs français, s'ils sont obligés de repartir sans qu'on ait exécuté leurs ordres ? » s'écrie d'un accent tout sicilien M. Serio, c'est-à-dire en criant comme dix aigles. Et aussitôt deux jeunes gaillards se dévouent pour la patrie, se dépouillent de tout vêtement et, au grand risque de se noyer, se lancent dans la vase, nous demandant nos ordres, passant et repassant fièrement comme des crocodiles limoneux, d'un bord du fleuve à l'autre. La récompense vint après le succès de l'opération, cela va sans dire. Mais l'offre de cette récompense, fort bien gagnée, n'avait déterminé personne, quand nous avions nous-mêmes voulu faire le marché. M. Serio savait que, pour ses compatriotes, l'appât du bénéfice est moins puissant en certaines circonstances que l'amour-propre national piqué au vif ; il avait touché la corde sensible.

M. Serio connaît donc son pays mieux que personne, et naturellement il sait tirer parti de cette appréciation à lui particulière dans sa conduite de tous les jours et dans la gestion de ses petites affaires. Mes lecteurs apprendront de lui avec intérêt comment, en certains cas, il faut s'y prendre en Sicile pour se débarrasser de certaines gens pouvant nuire et que l'on ne veut pas irriter.

M. Serio avait conçu de violents soupçons sur la fidélité d'un sien muletier, régulièrement employé au transport de ses sumacs ou d'autres denrées dans les grandes occasions. Il s'agissait d'une soustraction d'un objet d'une certaine valeur, caché en lieu sûr, et qu'un serviable voisin avait dénoncé ou révélé à M. Serio sous le sceau du plus grand secret. La preuve du délit n'existait pas aux mains du voleur; le témoin à charge refusait d'être confronté avec le coupable, au cas d'une explication entre les parties; peut-être était-il son complice, peut-être craignait-il sa vengeance? M. Serio était fort embarrassé; il ne voulait point avoir affaire à la justice publique, il ne voulait point manquer à sa parole donnée, il ne voulait point même paraître agir à la légère et par simple caprice, en éloignant brusquement de lui un serviteur infidèle sur lequel il ne pouvait plus compter et cependant il fallait s'en défaire. Voici comment il s'y prit pour congédier le meilleur et le plus ancien de ses muletiers, sans exciter sa susceptibilité sicilienne ou ses soupçons à l'endroit du voisin officieux. M. Serio devait faire descendre des montagnes voisines de Palerme un approvisionnement de sumacs impatiemment attendu. Tous les jours, au départ pour les travaux de charroi, recommandation était faite au charretier zélé de ménager les mules, et de soigner les charrettes dans certains mauvais chemins par lesquels l'itinéraire de sa journée l'obligeait forcément à passer. Chaque recommandation du maître était suivie des protestations de vigilance du muletier, qui plein de confiance en ses talents répondait toujours de tout. Tous les soirs, à l'usine de M. Serio, on dut entendre claquer le fouet de notre homme, revenant du travail et racontant victorieusement comment il avait fait un voyage supplémentaire, comment il avait fait porter à ses bêtes double charge et sans encombre, comment il aurait bientôt accompli sa tâche beaucoup plus vite que le patron n'aurait pu l'espérer. Mais un beau soir, le muletier revint en retard, sans faire claquer son fouet et tout honteux de la tenue de son attelage. L'essieu de la charrette était brisé, une mule était blessée. Il fut immédiatement congédié, sans avoir à se plaindre de son maître ou de personne, et ne pouvant attribuer qu'au mauvais chemin ou au gouvernement napolitain la cause de son renvoi. Pour un bon Sicilien, tout mal qui arrive est causé par le gouvernement. La mule blessée, l'essieu brisé expliquaient tout. Or, M. Serio lui-même avait cassé cet essieu, en allant chaque nuit et en cachette le préparer soigneusement, avec une lime qui travaillait dans le bon endroit, de façon que l'accident dût infailliblement arriver.

Cette simple anecdote m'a frappé quand M. Serio me la raconta, et je l'ai rapportée ici pour donner à la fois une idée du caractère sicilien, dans certains détails de la vie, et de la prudence de notre cicérone dans ses rapports avec ses concitoyens.

Mais disons adieu pour le moment au signor Serio, nous le retrouverons sans doute dans quelque autre occasion; ou mieux encore, revenons avec un si bon guide près du Platani, à Comitini, dans une de ces mines de soufre dont les vapeurs sulfureuses nous suffoquaient tout à l'heure, et disons quelques mots de ces soufrières dont la Sicile tire depuis longtemps de si grands bénéfices, et qui finiraient peut-être par l'appauvrir outre mesure, si la nature et aussi un peu le gouvernement n'y mettaient bon ordre.

Toute la Sicile ne participe pas à cette richesse minérale, dont l'exploitation n'a pris des proportions si grandes que depuis le retour de la paix en Europe et le développement universel de l'industrie. Contrairement à ce que l'on pourrait supposer, ce n'est pas aux environs ni sur les bords de l'Etna que se trouvent les grands gisements de soufre. L'Etna regarde la côte orientale de la Sicile, et les plus riches et les plus nombreuses mines exploitées sont précisément sur la côte méridionale, faisant face à l'Afrique. C'est aussi sur cette côte que doivent aller, pour prendre leurs cargaisons, les navires habitués à fréquenter les trois mauvais ports de Girgenti, Licata et Terranova, qui, pour cette raison, ont reçu des Siciliens le nom significatif de *Caricatoii*. Les soufres embarqués à Catane, au pied de l'Etna, viennent de l'intérieur de l'île. Ils ne sont dirigés sur ce port commercial qu'à cause de la route carrossable qui y conduit, les frais de transport devenant ainsi moins onéreux. La province de Girgenti, une partie de celles de Trapani et de Caltanisetta avaient été pendant longtemps les seules où l'on se fût livré à cette productive exploitation. Depuis quelques années, cependant, on a découvert des mines de soufre à Lercara, province de Palerme, et quoique la qualité du minerai n'y soit pas des plus riches, on les exploite cependant avec profit, parce que les frais de transport sur Palerme sont assez peu dispendieux : il y a une route !

Les procédés employés pour extraire le minerai des mines sont assez rudimentaires. Comme des rats en groupes serrés, les *piconi* fouillent les entrailles de la montagne sous la direction plus ou moins intelligente ou inintelligente de leurs propriétaires ou de quelque contre-maître vieilli dans la partie. La direction des galeries, l'extraction des eaux, le boisement des puits, les précautions contre les éboulements, tout cela pourrait être, je crois, grandement perfectionné par des ingénieurs habiles, qui corrigeraient, en en profitant, les procédés de la routine. On donnerait ainsi une bien plus grande valeur à certaines mines dont je n'ai pu voir sans étonnement la prodigieuse richesse minérale; mais moins encore que des ingénieurs des ponts et chaussées, il n'existe d'ingénieur des mines en Sicile. Quant à l'extraction du soufre, du minerai une fois sorti de terre, elle est faite par les procédés les plus simples. Le minerai est dressé en tas disposés sur des plate-formes; on y met le feu, absolument comme cela se pratique dans nos forêts pour faire le charbon. Pendant cette opération, dans laquelle on peut dire que le minerai se traite lui-même, pour me servir d'une expression technique, une grande partie de ce minerai se perd naturellement en gaz par la combustion. Le produit de la fusion recueilli autour du *calcarone*, c'est le nom de ce fourneau naturel, est donc loin de constituer toute la richesse propre du minerai. Mais indépendamment de la perte du soufre en gaz, la combustion à l'air libre, pratiquée pour obtenir la fusion, a l'inconvénient fort grand de se faire sentir au loin d'une façon peu agréable, et de nuire à la végétation voisine par l'immense quantité des gaz ainsi développés. Quoique les calcaroni du nouveau modèle fussent, à l'époque de mon voyage en Sicile, l'objet des plus grands éloges donnés à leur inventeur par les conseillers provinciaux des provinces soufrières, je ne puis admettre que ce mieux soit encore le bien et qu'il n'y ait beaucoup mieux à faire, la science aidant, pour obtenir plus et détruire moins.

Après avoir été extrait de la mine et du calcarone, le soufre doit voyager en Sicile, et malheureusement encore pour les Siciliens, les frais de voyage du soufre augmentent singulièrement le prix auquel l'extraction, si facile qu'elle soit, peut donner lieu. Le soufre ne peut pas être transporté des mines aux *caricatoii* comme le charbon anglais, dans des wagons glissant sur des rails, dans des barques suivant le cours des canaux ou des rivières, ou dans des chariots traînés par de robustes chevaux marchant fièrement sur de belles chaussées. Quelle différence, mon Dieu! A dos d'âne ou de mulet on transporte péniblement et à grands frais tout ce qui n'est pas à proximité de quelque route frayée, et la plus grande partie des mines sont dans ce cas. De mauvaises charrettes attelées de mules plus mauvaises encore, quelquefois des chars à bœufs aux roues antiques, portent lentement jusqu'au port d'embarquement ce qui peut être ainsi transporté.

Rien n'est plus triste d'ailleurs que les abords et les environs d'une mine de soufre. Cette poussière jaunâtre s'attachant à tous les objets, cette végétation brûlée par les gaz qui s'échappent du calcarone, ces hommes, ces femmes, ces enfants au teint naturellement livide, rendus plus livides encore par leur triste métier, ces bêtes de somme

rabougries et qui semblent plier sous le faix, tout cela a quelque chose
de cadavéreux, qui, vous prenant à la gorge, vous fait désirer tout
haut, n'en déplaise aux négociants de soufre et aux propriétaires de
mines en Sicile, que cette terre cesse de fournir ce produit aux
pauvres gens qui vont la chercher à la sueur de leur front dans ses
entrailles, et qui seraient certes aussi bien et mieux récompensés de
leurs travaux s'ils se bornaient à la cultiver avec intelligence. Si l'espace manquait sur cette Terre-Promise, passe encore ; mais quand on
songe à ce qu'ont été la population et la richesse de la Sicile à l'époque où
elle était seulement agricole, quand elle comptait comme un des greniers
de Rome, et quand on voit ce qu'elle est aujourd'hui, quoique fournis-
sant du soufre à tout l'univers, on en conclut naturellement qu'il vau-
drait mieux pour la Sicile être bien cultivée que bien exploitée miné-
ralogiquement parlant. Au reste, il faut tout dire, la constitution de la
propriété n'a pas été pour peu dans l'avilissement et le dépérissement
successifs de l'agriculture. Depuis la conquête par les Normands qui suc-
cédaient à d'autres envahisseurs, les grands fiefs, formant l'un des tiers
du partage et donnés aux barons, ont appartenu trop souvent à des étrangers qui ne résidaient pas même dans l'île. Les biens de l'Eglise et ceux
de l'Etat, formant les deux autres tiers, ont toujours paru suffisamment
productifs à leurs propriétaires anonymes. Personne ne songea donc
pendant longtemps à tirer meilleur parti d'un sol où, comme le disait
un jour un de nos compagnons de promenade, il suffit de planter sa
canne pour faire un arbre. Cette proposition peut paraître exagérée,
mais elle est exacte pour qui a vu ce que peut produire, avec du
soleil et de l'eau, une terre comme celle des environs de Messine, par
exemple, où des citronniers toujours en feuilles, en fleurs et en fruits,
produisent jusqu'à trente mille citrons par an. On a vu quelques-uns
de ces arbres, exceptionnels, il est vrai, rapporter jusqu'à quarante-
cinq mille fruits en douze mois. Tous les citronniers de Sicile, et les
orangers encore moins, ne sont pas de cette force ; partout où ne
trouve pas assez d'eau pour alimenter cette puissante végétation ; mais
quand on a vu les belles récoltes de blés de Catane ou celle des raisins de
Syracuse ou de Vittoria ; quand on a vu les gras troupeaux qui se pré-
lassent dans les prairies artificielles des environs de Trapani ; quand on
voit les figuiers, les amandiers, les pistachiers mêlés aux oliviers dans ces
beaux champs clos par de fortes haies de cactus ou d'aloès aux larges
feuilles et aux fleurs pyramidales ; quand on a visité les jardins ravis-
sants de Palerme, où toutes les fleurs de tous les pays et de tous les climats se parent naturellement de leurs plus belles couleurs et exhalent
leurs plus doux parfums, on ratifie le nom de *Conca d'Oro* donné au
territoire de la capitale, on comprend que la mythologie ait consacré la
Sicile tout entière à Cérès, puisque, sous le rapport de la fertilité,

aucune autre terre ne peut être comparée à cette île aimée du ciel. Pays trop beau pour être livré aux usines et aux hauts-fourneaux, et pour qui, mieux que pour tout autre de l'Italie, le poète a pu dire :

Deh! fosti tu men bella o almen più forte!

Je viens de rappeler à propos des routes et des ponts de Sicile quelques-unes de mes impressions de voyage, quelques observations faites pendant mon séjour dans ce pays, observations pratiques qui doivent échapper, je crois, à beaucoup de voyageurs faisant ce voyage comme par manière d'acquit et courant d'antiquités en antiquités, leur porte-manteau sous le bras ou même le crayon à la main. Je ne veux pas finir ce chapitre sans recommander à ceux qui iront après moi quelques particularités méritant bien aussi un peu d'être vues ou appréciées.

Veulent-ils, par exemple, se faire une idée de la manière dont a pu être reçue, par les Hébreux dans le désert, la manne descendant du ciel? Qu'ils aillent à Palerme à l'époque de la pêche du thon. Je ne leur recommande pas la visite des *Tonnare*. La madrague de Provence leur en donnerait facilement une idée, quoique le thon soit péché en bien moins grande quantité dans nos eaux de France que dans celle de Sardaigne et de Sicile. Mais ce qu'ils ne verront qu'à Palerme, c'est cette promenade triomphale du premier thon à travers les rues de la ville, précédé par des tambours et couvert de rubans et de fleurs ; c'est —quand le grand passage des poissons voyageurs les fait tomber par milliers dans la *Tonnara*, non le massacre de ces pauvres animaux, tout massacre fait horreur, même celui dont on profite,—mais la distribution de leurs dépouilles sanglantes dans toutes les rues de la cité. C'est ce spectacle si curieux de toute une ville transformée en immense marché au poisson, c'est cette population courant en foule à la provision et employant tous les moyens de conservation possible, afin de mettre en réserve, pour l'hiver, ces chairs palpitantes et saignantes dont la distribution se fait à tous les carrefours aux acclamations des uns, aux cris forcenés des autres.

Veut-on apprécier comment, chez un peuple poétique et démonstratif par excellence, le christianisme, succédant à des religions diverses, a laissé exister à côté de lui des cérémonies dont la trace fait remonter au paganisme? Qu'on reste à Palerme pour l'époque des processions. La senteur des orangers fera prendre patience aux voyageurs qui croyent devoir fuir la Sicile aux premiers feux du printemps. Pour moi, je n'oublierai jamais la procession de la Fête-Dieu. Je vois encore ces corporations diverses, ces flots de peuple, ces moines accompagnant le cortége sacré, chacun avec ses allures, chacun célébrant la solennité du jour du mieux qu'il le pouvait. Je vois encore cette cohue de matelots presque nus, vêtus d'un simple pantalon blanc et dansant devant une châsse de madone, pendant que d'autres venant derrière eux faisaient exécuter une valse à la châsse de saint Damien, le tout sur un air de polka; et le lieutenant général gouverneur, revêtu de tous ses insignes, suivait le dais au milieu de toutes les autorités civiles et militaires, attentives et recueillies.

Il n'est pas jusqu'aux amateurs de l'aérostation qui ne puissent trouver des sujets d'étude ou d'observations curieuses en Sicile. Combien de fois, pendant le mois de mai, ne suis-je pas resté en observation à suivre de l'œil des cerfs-volants enlevés au-dessus de la ville à des hauteurs inconnues aux jeux de notre enfance, à voir surtout quinze et même vingt de ces aérostats primitifs, obéissant à la même main, planant dans l'espace, dans la même direction, attachés au même fil et formant comme une constellation argentée, se détacher sur le bleu d'azur du beau ciel du printemps. On les appelle à Palerme des *stelle* (étoiles). Pourquoi tant de *stelle* au ciel pendant les belles soirées du mois de mai, où à peine une légère brise se fait sentir? Pourquoi après cette époque personne n'imagine-t-il d'en faire paraître une seule. Mais je n'en finirais pas, même sur ce sujet, car il me mènerait à dire que les plus habiles praticiens de ce genre de divertissement sont les habitants des couvents de femmes, et je devrais dire alors ce que sont les couvents en Sicile.

Ce que tout le monde peut savoir ou vérifier, c'est que les moines sont très nombreux en Sicile, riches et logés dans des palais, comme les Bénédictins de Catane jouissant de deux cent cinquante mille francs de revenu, ou pauvres et aumônieux comme les capucins de Palerme, chez qui des centaines d'autres pauvres viennent chercher chaque jour un repas très supportable, et dont les caveaux funèbres sont des catacombes habitées par des morts que les vivants trouvent plaisir à venir visiter. Le moine en Sicile fait partie de la famille : on le voit à Palerme assis et causant au fond de l'humble échoppe du cordonnier, aussi bien que dans la boutique plus fréquentée du confiseur (*des conversazioni di botteghe* les plus achalandées sont celles des confiseurs). Ce que je puis dire en passant, à propos des couvents de femmes, c'est que la claustration n'y est pas, comme dans d'autres pays, tellement absolue que l'on en soit à ignorer l'existence des recluses. On s'applique ici au promeneur oisif, étranger ou Sicilien, n'ayant accès dans aucun parloir. En vérité, si l'on peut dire qu'à chaque pas dans les rues on rencontre un moine, on peut dire également qu'à certaines heures du jour on ne lève pas les yeux sans apercevoir une religieuse. Voici comment et pourquoi. Les couvents de femmes ont tous de vastes terrasses ou promenoirs entourés d'une claire-voie servant de cloître. Ces terrasses ne règnent pas seulement au-dessus des bâtiments d'habitation réservés aux recluses; elles s'étendent sur les maisons voisines qui ont été bâties sur des terrains appartenant à la communauté et arrivent ainsi de proche en proche à border les rues de cloîtres par en haut, comme les boutiques les bordent par en bas. Toledo et Maqueda, les deux grandes artères de Palerme, sont très remarquables à cet égard. Pendant les intervalles des offices, ces dames viennent naturellement prendre l'air sur leurs promenoirs, véritables trottoirs suspendus à leur usage. Alors on les aperçoit facilement à travers les claire-voies aux mailles très peu serrées qui les entourent, faisant quelquefois, souvent même, saillie sur les maisons, comme des *miradores* andaloux. Vues ainsi dans ces cages aériennes, un poète les comparerait au besoin à ces oiseaux voyageurs qui se rassemblent sur les toits de nos maisons avant de prendre leur vol pour de plus doux climats, et trouverait sans doute d'heureuses inspirations dans l'aspect de ces maisons palermitaines aux pieds desquelles les passions et les intérêts s'agitent, tandis que la prière habite le sommet. Je dirai tout simplement que, de ces observatoires discrets, les religieuses de Palerme peuvent jeter quelques regards sur le pauvre monde du milieu duquel elles se sont retirées, pour qui elles prient si longtemps et pour qui elles font, à certaines fêtes de l'année, la meilleure confiserie de la ville.

Mais arrêtons-nous ici. Pour la fête nationale de Sainte-Rosalie, pour les curiosités de Palerme ou de Catane, pour ces belles collections de médailles grecques ou carthaginoises, dont la plus curieuse est sans contredit celle de M. Fisher, représentant de MM. de Rothschild à Palerme, pour les ruines de Ségeste, d'Agrigente, de Taormine ou de Syracuse, pour l'Etna enfin, pour cette merveille de végétation, de minéralogie et de poésie, je renverrai tout simplement mes lecteurs à tous les guides de l'étranger en Sicile. Encore une fois, je n'écris pas un voyage, je serais un pauvre cicérone pour eux. Je me rappelle seulement comment j'ai voyagé; il n'a pas dépendu de S. E. le prince de Satriano et de nous que d'autres ne voyageassent plus commodément à l'avenir.

A. SALA.

www.ingramcontent.com/pod-product-compliance
Ingram Content Group UK Ltd.
Pitfield, Milton Keynes, MK11 3LW, UK
UKHW020010130726
13694UKWH00005B/2214